일과 사람
09 농부

나는 농부란다

이윤엽 쓰고 그림

사계절

먹는 건 **땅**에서 나와.

땅은 참 신기해.
콩을 심으면 콩이 나오고, 고추를 심으면 고추가 나와.
벼를 심으면 벼가 나오지. 땅은 모든 걸 받아 주고, 모든 걸 키워 줘.

그래서 사람들이 땅을 어머니 같다고 하나 봐.
그렇다고 아무거나 막 심으면 안 돼.
어머니라고 모든 걸 받아 주지는 않잖아.

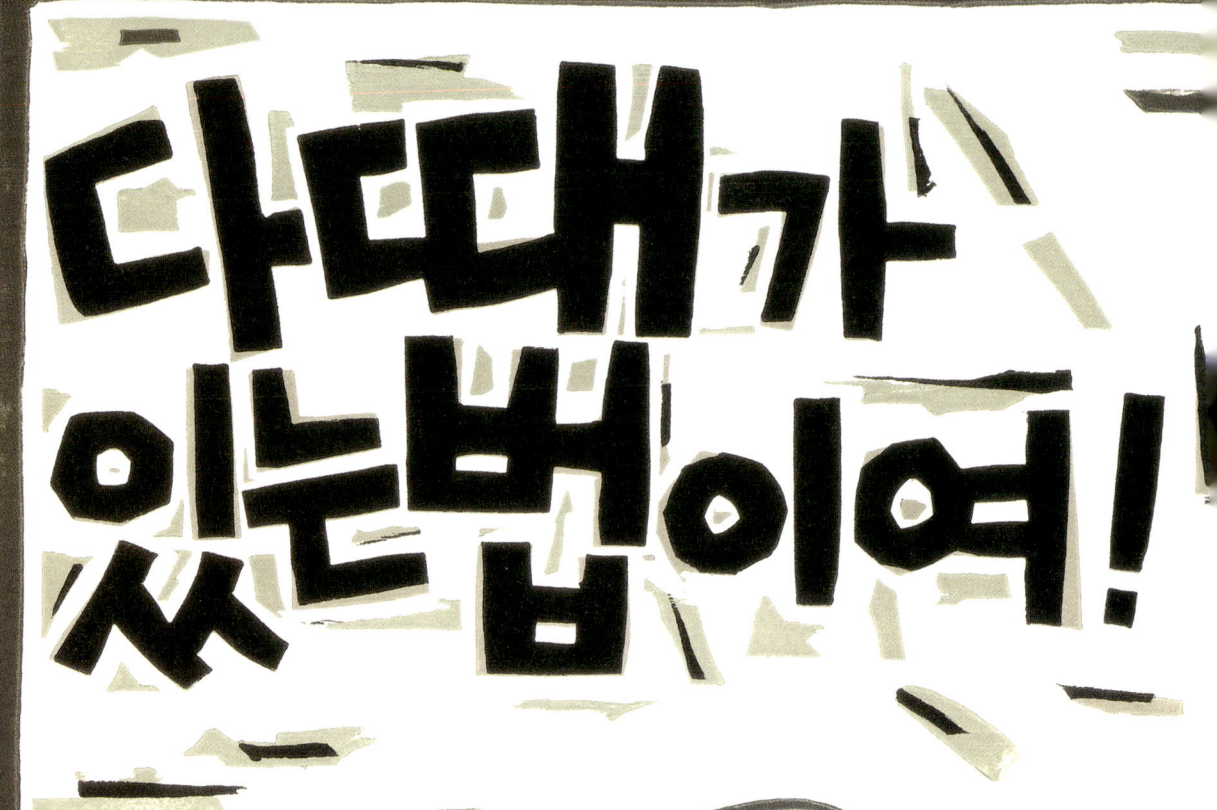

농부는 땅을 알고, 때를 잘 아는 사람이야.
내가 바로 농부란다.

땅은 다 달라. 물을 가두어 벼를 기를 수 있는 땅은 **논**이고,
물이 잘 빠져서 배추, 딸기, 옥수수, 고추를 심을 수 있는 땅은 **밭**이야.
참깨가 잘되는 밭이 따로 있고, 콩이 잘 자라는 밭이 따로 있어.

어느 밭은 땅 힘이 좋아서 고구마가 잘돼.
그렇다고 고라니가 자꾸 훔쳐 먹는 자리에다 심으면 안 돼.
나는 어느 땅에 무얼 심을지 훤하게 알지.

날씨가 조금씩 풀리고 까치가 둥지를 트는 이월이면,
헛간에서 **농기구**들을 꺼내.
먼지도 탈탈 털고, 고장 난 경운기도 고치면서 농사 준비를 하지.

나는 벌써 마음이 설레어.
빈 논과 밭이 푸릇푸릇 채워지는 모습이 눈앞에 보이는 것 같거든.

꽁꽁 얼었던 땅이 녹아
쑥이며 냉이가 얼굴을 쏙 내밀면,
드디어 논밭에 **거름**을 뿌리고
농사를 시작해.

나는 풀과 똥, 음식 찌꺼기를 하나도 버리지 않아.
알뜰하게 모으고 썩혀서 거름을 만들어.
거름을 먹고 곡식들이 튼튼히 자라면 우리가 맛있게 먹고 똥을 누지.
그 똥은 다시 거름이 되어 곡식을 키우는 거야.

산에 들에 진달래, 개나리가 활짝활짝 피고,
제비가 돌아오는 오월이 되면, 나는 아주 바빠.
흙과 거름이 잘 섞이도록 논밭을 갈아엎어야 하고,

그동안 씨앗을 틔워서 고이고이 키운
고추, 옥수수, 가지, 호박 **모종**을 밭에다 옮겨 심어야 해.
농부가 이때에 꼭 해야 하는 일이야.

볍씨를 틔워 모를 기르는 일도 이때 해.
이 일은 복잡하고 힘들어서 이웃 농부들과 다 같이 해.
볍씨를 잘 틔워야 건강한 모를 얻을 수 있고,

건강한 모를 심어야 튼실한 벼가 돼.
벼는 무럭무럭 자라 알찬 쌀을 매달지.
그런 쌀을 먹고 사람들이 튼튼해지는 거야.

잘 자란 모를 논에 옮기는 날이면 내 마음이 초록으로 가득 차.
겨우내 비어 있던 논에 어린모를 콕콕 심어 놓으면 그렇게 예쁠 수가 없어.
옛날에는 누런 황소가 논을 갈고, 마을 사람들이 줄 맞추어 모를 심었어.
요즘에는 이앙기가 있어서 혼자서도 금방 갈고 금방 심어.
하지만 나는 다 같이 모내기하고, 들에 앉아 함께 먹던 밥이 조금 그리워.

아까시나무 꽃 내음이 퍼지고 뻐꾹뻐꾹 뻐꾹새가 울 때면,
온 마을에 연둣빛이 넘실거린단다.
논밭에 벼와 콩, 고추, 옥수수, 고구마가 무럭무럭 자라고 있거든.

이제부터 한시름 놓고 장에도 가고, 가까운 데로 놀러도 가.
사람들은 농부가 맨날 일만 하는 줄 아는데, 그렇지 않아.
일할 때가 있고, 쉴 때가 있고, 놀 때도 있는 거야.

날씨가 더워지면 선선한 아침저녁에 일을 해.
새벽같이 논에 나가 무너진 논두렁도 손보고,
밭에 가서 고추나 가지 곁순도 따고, 김매기도 해.

이렇게 날마다 들여다보고 보살피니까,
가짓잎을 갉아 먹는 작은 벌레도 놓치지 않아.
고춧잎 뒤에 진딧물이 다닥다닥 붙은 것도 내 눈에는 잘 보이지.

온통 푸르른 여름이 되면,
방울토마토에는 방울방울 방울토마토가, 가지에는 가지가지 가지가,
고추에는 주렁주렁 고추가 달리고, 콩에는 다닥다닥 콩이 열려.

잘 여문 **열매**들을 따서 우리도 먹고 읍내 장에도 내다 팔아.
큰 시장에서 팔려고 밭으로 사러 오는 사람들한테도 팔아.

씽씽 달리는 차가 아무리 좋아도,
컴퓨터가 아무리 좋아도 먹을 수는 없잖아.
우리가 먹는 건, 땅에 씨앗을 뿌린 농부의 거친 손에서 나와.

날마다 풀을 뽑느라 호미처럼 휘어진 농부의 허리에서 나오지.
부지런히 논두렁 밭두렁을 오간 농부의 딴딴한 장딴지에서 나오는 거야.

그런데 농부 혼자서 농사를 짓는 건 아니란다.
햇빛과 물과 바람과 흙, 눈에 보이지 않는 작은 생물들이 함께 농사짓는 거야.
하늘에서 비가 내리지 않으면 곡식과 채소는 말라 죽어.

비가 너무 오랫동안 내려도, 날씨가 갑자기 추워져도 농사는 힘들지.
나는 날마다 일기 예보를 보고 큰비나 바람을 미리미리 대비해.
깜박 잠드는 바람에 아홉 시 뉴스 일기 예보를 놓치기도 하지만.

큰비가 쏟아지고 집채만 한 **태풍**이 닥치면,
벼와 고추와 토마토와 옥수수가 물에 잠기고 흙에 파묻혀.
줄기가 부러지고 어린 열매가 떨어지면 내 마음도 무너져.

하지만 슬프다고 가만히 있을 수는 없지.
여럿이 힘을 합쳐 쓰러진 벼와 고춧대를 다시 세워.
농부는 날마다 보살피고 가꾼 것을 포기하지 않아.

먼 산이 누렇게 물드는 구월이 오면,
논에는 벼 이삭이 패고, 밭에는 호박이 큼지막하게 자라.
모든 것이 알차게 **여무는** 때야.

나는 날마다 빨갛게 익은 고추를 따서 볕 좋은 마당에 널어.
고추를 기르는 것도 농부가 하는 일이고,
말리고 빻아서 고춧가루를 만드는 것도 농부의 일이지.

드디어 벼를 베는 날이야!
농사 가운데 최고는 벼농사란다.
볍씨가 모가 되고, 모는 벼가 되고, 벼에 쌀이 달리고,
쌀이 밥이 되는 건 알지?
옛날에는 벼 베는 날 마을 사람들이 꽹과리도 치고 장구도 쳤어.
낫질이 고되니까 힘내자고 하는 거야. 다 함께 흥겨웠지.
요즘에는 콤바인으로 좀 더 편히 **가을걷이**를 할 수가 있어.
좀 심심하긴 하지만, 벼를 거두는 기쁨은 그때나 지금이나 똑같아.

감이 붉어지고 밤알들이 지붕에 딱딱 떨어지는 **한가을**이면,
나는 무지 바빠. 들깨도 털고, 콩도 털어 햇볕에 말리고,
겨우내 두고두고 먹을 호박이며 가지며 토란대도 말려 둬.

추석 때 멀리서 오는 식구들한테 나누어 줄 참기름도 짜.
김장 배추며 무도 이때 심어야 해.
한가할 때 해도 될 것 같지만, 농사일은 다 때가 있는 거잖아.

논밭을 가득 채웠던 초록들이 모두 누렇게 익어서,
곳간에 차곡차곡 쌓이면 마음이 그렇게 흐뭇할 수가 없어.
내가 심고 가꾼 조그마한 씨앗이 열매로, 푸성귀로 자란 거잖아.

보기만 해도 배불러. 한 알 한 알 얼마나 예쁜지 몰라.
좋은 거름으로 기른 곡식들이라 맛도 좋고 몸에도 좋아.
시장이나 가게에 내놓으면 너도나도 사 가지.

깊은 산 반달곰이 겨울잠 자는 겨울이야.
나는 열매 가운데 가장 튼튼한 놈을 골라 둬. 내년 봄에 **씨앗**으로 쓸 거야.
한동안 쓰지 않을 호미며 경운기도 깨끗이 정리해 두고,

이른 봄에 쓸 거름도 쉬엄쉬엄 마련해.
그동안 애쓴 땅이 하얀 눈을 덮고 쉬고 있어. 나도 좀 쉬어야지.

내년에 내가 어떻게 농사지을지 궁금하면
이 책을 처음부터 다시 읽어 봐.
봄, 여름, 가을, 겨울이 해마다 되풀이되듯이,
농부가 하는 일도 계속 되풀이되거든.
밥이 몸이 되고, 똥이 되고, 흙이 되고, 다시 밥이 되는 것처럼.

농사일 더 알아보기

여러 농기구

농부한테 농기구는 손이나 마찬가지야. 감자나 고구마를 캘 때는 호미를 써. 풀이나 곡식을 벨 때는 낫을 쓰지.

베는 기구 – 낫❶
파는 기구 – 호미❷ 삽괭이❸ 쇠스랑❹ 삽❺ 괭이❼
긁어모으는 기구 – 갈퀴❺
옮기는 기구 – 지게❽ 수레❾ 경운기❿

거름 만들기

닭똥, 개똥, 염소 똥, 사람 똥과 오줌, 나뭇잎, 짚, 풀, 재, 흙, 음식 찌꺼기가 거름이 되는 재료야. 한곳에 모아 두고 가끔씩 뒤집어 주면서 잘 썩히면 거름이 돼. 씨앗을 심기 전에 밑거름을 뿌리고, 줄기가 자라고 잎이 난 뒤에도 웃거름을 줘.

모종 내기

씨앗을 밭에 그냥 심어도 되지만, 그랬다가는 동물들이 파 먹을 수도 있어. 큰비가 올 때 씨앗이 물에 떠내려가기도 해. 그래서 모판에 흙을 올리고 거기다 씨앗을 심어. 모판에다 기른 어린 채소가 모종이야. 모종을 만들어서 밭에다 옮겨 심으면 뿌리도 깊이 내리고 튼튼하게 자라.

볍씨 싹 틔우기

볍씨도 모종을 만들어. 먼저 볍씨를 물에 담가서 불려. 일주일쯤 지나면 씨앗에 아주 조그만 싹이 솟아. 모판에 흙을 담고 그 위에 싹이 난 볍씨를 뿌리고 흙을 살살 덮어. 춥지 않게 부직포도 덮어 줘. 사흘쯤 지나면 싹이 흙을 뚫고 올라와. 이렇게 옮겨 심으려고 기른 벼의 싹을 '모'라고 해.

모내기

볍씨 모종을 만든 지 사오십 일 지나면 어린모가 한 뼘 크기로 자라. 그러면 모를 논으로 옮겨 심어. 이 일을 모내기라고 해. 모내기 전날 여럿이 모여서 모판을 떼어 미리 논에다 갖다 둬. 이날이 더 바빠. 모 내는 날은 이앙기로 두 명이 해도 되거든. 이앙기는 모 심는 기계인데, 뒤쪽에 모판을 싣고 지나가면서 모를 쏙쏙 심어.

김매기와 곁순 따기

김매기는 채소나 곡식 둘레에 난 풀을 뽑는 일이야. 풀이 채소나 곡식이 먹어야 할 양분을 다 먹어 버리거든. 호미로 풀을 뿌리째 뽑아. 곁순은 줄기 옆으로 자라나는 가지를 말해. 곁순이 비죽 나왔을 때 잘라 내야 줄기가 굵직해지고 열매를 주렁주렁 매달지. 풀이나 곁순은 금방 자라서 자꾸자꾸 김을 매고 곁순을 따야 해.

가을걷이

모내기하고 넉 달쯤 지나면 벼가 누렇게 익고 이삭이 무겁게 매달려. 그러면 벼를 베고, 낟알을 털고, 껍질을 까야 쌀이 나와. 옛날에는 마을 사람들이 모여서 낫으로 그 많은 벼를 다 베고, 탈곡기에 벼를 넣어 낟알을 털었어. 지금은 콤바인으로 벼 베고 낟알 터는 걸 한꺼번에 할 수 있어. 콤바인은 너무 비싸서 빌려서 써.

말리기와 털기

호박이며 가지는 오래 두면 상해. 그런데 썰어서 햇볕에 말리면 오랫동안 두고 먹을 수 있어. 감도 껍질 깎아 말리면 맛난 곶감이 되지. 콩깍지에 든 콩이나 껍질 안에 든 깨는 하나하나 알맹이를 빼려면 시간이 너무 오래 걸려. 도리깨나 막대로 두드려서 탁탁 털면 알맹이들이 한꺼번에 쏙쏙 빠져나와.

농사는 모든 일의 '부리'

아주아주 오랜 옛날에는 사람들이 들에 산에 저절로 자란 풀이나 열매를 찾아서 따 먹었어. 양이 적어서 늘 배가 고팠지. 그때는 사람들이 길러 먹을 수 있다는 생각을 못 했어. 어느 날 열매를 먹고 씨앗을 뱉어 놓은 곳에서 풀이 자라더니 꽃이 피고 지고 나서 그 열매가 맺히는 걸 알게 됐어. 씨앗을 심으면 풀이나 열매를 길러 먹을 수 있다는 걸 깨달았지. 이때부터 농사를 짓게 된 거야. 채소나 곡식은 저절로 자라는데 왜 힘들게 농사를 지을까? 사람이 심고 가꾸면 저절로 자라는 것보다 훨씬 더 많이 기를 수 있거든. 그만큼 배고픈 사람들이 줄어드는 거야.

농부들은 실패를 거듭하면서 어렵게 농사짓는 법을 깨쳤어. 똑같은 깨라고 해도 참깨는 물이 잘 빠지는 밭에 심어야 하고, 들깨는 물이 잘 안 빠지는 밭에서도 잘 자라. 똑같은 곡식이어도 벼는 논에 심고, 보리와 밀은 밭에 심지. 농부들은 이런 걸 부모의 부모의 부모의 부모한테 배워서 다 아는 거야. 근데 그거 알아? 오랜 옛날에는 벼를 밭에다 심었대. 농부들이 오랫동안 경험을 쌓으면서 논에 심어야 더 잘 자란다는 걸 알게 됐어. 부모한테서 배운 것들에다가 자기가 깨친 지혜를 보탠 거지.

온갖 농기구도 농부들이 발명했어. 김을 맬 때 흙을 파려고 호미를 만들었고, 풀을 베려고 낫을 만들었지. 밭을 깊이 팔 때 쓰려고 호미보다 큰 괭이를 만들었고, 논을 갈려고 쟁기를 만들었어. 이렇게 늘 연구하고 실험하고 몸에 익혀야 더 좋은 열매를 많이 거둘 수 있어. 농부들은 아버지, 할아버지, 이웃 어른들뿐만 아니라 땅도, 물도, 햇빛도, 보잘것없는 벌레도 다 선생님 삼아 농사를 배워.

식물에게 물과 햇빛과 흙이 필요한 것처럼, 사람에게는 밥이 꼭 필요해. 농부는 먹을거리를 만들어 내는 사람이야. 농부가 없었다면 사람들은 하루 종일 열매를 따고 사냥하러 다니느라 아무것도 못 했을 거야. 농부가 얼마나 대단한 일을 하는지 알겠지?
곡식과 채소로 가득한 논과 밭은 빗물을 잘 모아 둘 수 있어서 큰비에 흙이 떠내려가는 것을 막아 주고, 뜨거운 지구를 식혀 주기도 해. 그리고 곡식과 채소들은 산소를 내뿜어. 산소가 있어야 우리가 숨을 쉴 수 있잖아. 그래서 농사가 세상 살아가는 일의 뿌리인 거야.

작가의 말

나는 농부가 좋아

나는 목판화가야. 조각칼로 나무판에 그림을 새기고 깎은 다음 그 위에 물감을 바르고 종이에다가 찍어서 그림을 만들어. 이 책은 모두 목판화로 만든 거야.

내가 목판화가를 해야지 하고 마음먹었을 때 처음으로 나무에 새긴 그림이 농부였어. 나는 농부가 좋았어. 길을 가다가도 들판에서 일하는 농부를 보면 그림을 그리고 싶었지. 흙을 밟고 곡식과 채소에 둘러싸여 땀 흘려 일하는 농부가 멋있어 보였나 봐.

나는 5년 전에 안성으로 이사 왔어. 처음 2년은 혼자서 내내 집을 지었어. 둘레에는 다 농부님들이 살고 있었는데, 그분들은 내가 좀 신기했나 봐. 자주 들러 이것저것 구경도 하시고, 가끔 맛난 것도 가져다주셨지. 들판 멀리서만 보던 농부들이랑 이제 이웃으로 살게 된 거야. 자주 이야기를 나누다 보니 조금씩 친해졌어.

집을 다 짓고는 내가 농부님들을 논이며 밭으로 찾아다니기 시작했지. 나한테 조그만 밭이 있었는데, 나는 전혀 농사를 지을 줄 몰랐거든. 농사는 영어나 수학처럼 학원이 있는 것도 아니어서, 선생님도 없고 책을 봐도 잘 모르겠더라고. 농부들을 졸졸 따라다니면서 뭐하시나 보고 그때그때 물어보는 수밖에 없었어. 물론 농업 고등학교도 있고 대학도 있지만, 우리 마을 할아버지 할머니처럼 자세하게 가르치지는 못할 거야.

맨날맨날 나는 물어보았지.

"할머니, 뭐하세요?"

"뭐하기는? 고추 심지."

그러면 나도 집에 와서 고추를 심었어.
"할아버지, 뭐하세요?"
"뭐하기는? 풀 뽑지."
그러면 나도 집에 와서 풀 뽑고 그랬어. 그렇게 따라했더니 풀만 우거졌던 밭이 온갖 먹을거리로 가득 찼어.

요즘에 난 아침에 일어나면 딸기밭으로 가서 이슬 맺힌 싱싱한 딸기를 따 먹어. 점심에는 상추랑 고추 따서 고추장 넣어 쌈 싸 먹고 된장에 찍어 먹어. 밥맛이 아주 꿀맛이야! 날마다 실컷 따 먹는데도 다음 날 또 열리니까 신기하고 좋아. 사 먹지 않으니까 돈을 안 써서 좋고, 먹을 만치만 따서 바로 먹으니까 냉장고에 넣을 필요 없어. 무엇보다 내가 심고 기른 거니까 더 뿌듯하고 맛있지. 다 좋아.

조금 더 있으면 토마토와 옥수수가 주렁주렁 달리고, 고구마도 뿌리에 알알이 매달려서, 먹을 게 더 넉넉해질 거야. 생각만 해도 신이 나.

모두 농부님들이 하는 것을 보고 배운 대로 하니까 된 거야. 바로 옆집에 사시는 이순성 할아버지와 홍종진 할머니가 특히 많이 가르쳐 주셨어. 언제 무얼 심어야 하는지도 알려 주시고, 고추와 토마토 곁순 따는 것도 가르쳐 주셨지. 해마다 심다 남은 모종들도 넉넉히 주셨어. 정말 고마운 분들이야. 이순고 할아버지는 우리 아랫집 사시는데, 이 책을 처음 시작할 때부터 그림에 틀린 게 있는지 봐 주셨고, 작업하는 내내 지켜보고 재미있어 하셨어.

어르신들은 내가 뭐하는 사람인 줄 잘 몰랐는데, 이렇게 그림책을 만드니까 그제야 뭐하는 사람인 줄 아셨대. 난 처음부터 농부가 좋았는데, 농부들은 이제야 목판화가를 알아보신 거지. 모두 이 책 덕분이야. 기분이 좋아.

글·그림 **이윤엽**

경기도 수원에서 태어났습니다. 일하는 사람들을 목판화에 담아 여러 차례 전시회를 열었습니다.
지금은 안성에서 아내와 까불이와 바람이와 함께 텃밭도 가꾸고 나무판에 그림을 새기며 살고 있습니다.
『놀아요 선생님』『신들이 사는 숲 속에서』『장기려, 우리 곁에 살다 간 성자』『나를 낮추면 다 즐거워』
『북정록』『임종국, 친일의 역사는 기록되어야 한다』들에 그림을 그렸습니다.

도와주신 분 안성 농부 이순성, 홍종진, 이순고

일과 사람 09 농부
나는 농부란다

2012년 7월 10일 1판 1쇄
2023년 12월 31일 1판 7쇄

ⓒ이윤엽, 곰곰 2012

글·그림 : 이윤엽 | 기획·편집 : 곰곰_전미경, 심상진, 안지혜 | 디자인 : 큐리어스_권석연 | 제작 : 박홍기
마케팅 : 이병규, 양현범, 이장열, 김지원 | 홍보 : 조민희 | 출력 : 한국커뮤니케이션 | 인쇄 : 코리아 피앤피 | 제책 : 책다움
펴낸이 : 강맑실 | 펴낸곳 : (주)사계절출판사 | 등록 : 제406-2003-034호
주소 : (우)10881 경기도 파주시 회동길 252
전화 : 031)955-8588, 8558 | 전송 : 마케팅부 031)955-8595 편집부 031)955-8596
홈페이지 : www.sakyejul.net | 전자우편 : picturebook@sakyejul.com | 블로그 : blog.naver.com/skjmail
페이스북 : facebook.com/sakyejulpicture | 트위터 : twitter.com/sakyejul | 인스타그램 : sakyejul_picturebook

값은 뒤표지에 적혀 있습니다. 잘못 만든 책은 구입하신 서점에서 바꾸어 드립니다.
사계절출판사는 성장의 의미를 생각합니다. 사계절출판사는 독자 여러분의 의견에 늘 귀 기울이고 있습니다.
이 책은 저작권법에 따라 보호받는 저작물이므로 무단전재와 복제를 금합니다.

ISBN 978-89-5828-622-6 74370 ISBN 978-89-5828-463-5 74370(세트)